Sturz der Verdammten

Gedichte

Johannes Urzidil

Alpha Editions

This edition published in 2022

ISBN : 9789356902503

Design and Setting By
Alpha Editions
www.alphaedis.com
Email - info@alphaedis.com

Contents

STURZ DER VERDAMMTEN

I.

Gott warf mich aus wie ein Kristall, ein Körnlein war ich schwebend in seinen Gewässern,
ich spannte Tiefe und Höhe, und Höhe und Tiefe schufen mein Angesicht.
Solch Angesicht schuf ich mir, daß ich es trage untröstlich und unwandelbar,
durch maßlos verwobene Vielfalt, daß ich es trage ewig und unwandelbar.

Du Fischer Gott, viel ist seither verflossen.
Kinder trug man in Särglein silbernen Holzes zur kühlen Erde.
An Deinen Angeln winde ich mich verhöhnt und höckerig,
umkränzte mich mit Wiese und Wald und Ebenmaß Deines Gelächters.

Woge, die mich zerschlug, Berg, darin ich erstickt, Frost, daran ich zerbarst
und ihr, Lüste und Schmerzen, Ja und Nein, daraus ich mich wob und wirkte,
ihr seid, ich aber bin nicht. — An Gottes Angeln
schwanke ich matt und verworfen, unwissend, was er mit mir fahe.

Er irrt, ein Gelächter, mir über die Fläche des Herzens,
er zehrt mir an Krippen der Seele und leert sie aus,
er schlägt sich als Atem leise an meine Spiegel,
er schreitet vorüber und hat weder Gruß noch Sinn.

Schwer ist und trostlos unwandelbaren Antlitzes zu sein,
zu verschäumen im Dunkel, zu verhallen in eigener Weite.
Finster schufen wir uns die Welt, erhaben, voll großer Geste.
Doch eh'mals in silbernen Barken war Süße und Licht.

II.

Weh uns, weh der Schwere, Schwere schwer ohne Boden, ohne Rast,

weh uns, weh dem Sturze, unendlich entfielen wir Deiner Verneinung, Herr.

Grenze setztest Du, Tod und Verwandlung,

durch tausend Verwandlungen ewig stürzen wir totwärts ins Dunkel.

Unser Fall ist ab und auf, rechts und links, ohne Gegend, ohne Raum,

unser Maßloses hast Du zerrissen zu Vielfalt, verklebt in schmerzlichem Widerspiel,

unser einiger Strahl brach sich an Deinen Flächen und sonderte sich in schwirrende Weltensysteme.

Wehe, wer nimmt von uns Antlitz verzerrt und bresthaft,

Verfluchung unserer Schönheit, die sich aufbaut wie Hohngelächter eines anderen Gottes.

Verfelst sind wir gleich Erzadern in die Kurzatmigkeit Deiner Ordnung.

Mit Dir, Gott, Palisade, haben wir uns gegen uns umgürtet.

Siehe, es ist Frühling, bunter Frühling und alle Frauen werden schön.

Siehe, es ist fahle Herbstzeit und das Gewässer orgelt klagend im Haine.

Soweit ich mich weite in Unmaß der Mitternacht, die smaragden sich auftut:

Zerspalten bin ich in Du und Ich, in Sinn und Gebilde.

Dieses ist unser Sturz, den niemand von uns nimmt, der Sturz der Verdammten:

Gefesselt sind unsere Häupter an diese Scholle Ordnung, die lastend uns mitreißt.

Wissend zu sein, ward uns nicht, Unwissenheit ward uns nicht,

wie flackernder Pechkranz, geschleudert ins Dunkel versinkt unsre Seele.

III.
(Chor der Pferde)

Aus Mühsal der Verschirrung, spitzem Hetzwort, dröhnenden Asphalten,
aus Häuserflucht, die engend uns umwölbt und dem Getön der kriegerischen Städte
auf leisem Floß entglitten wir durch fieberndes Gewässer, drauf der Mond
wie eine Flöte hing, die blanke Münzen in die Wellen träuft.

In diesem Weideland, umsäumt von dem Kristall der Nacht
(Aquamarin ertönt, Topase lächeln da und dort),
in sanften Umriß hingelagert träumen wir durch Stundenflut,
der Hufe Munterkeit ist eine Herde bunten kleinen Feldgetiers.

In Stollen eingekantet und genährt von Fäulnis, drein sich böses Wort wie giftger Ampfer mengt,
war unser Herz ein schwelend Grubenlicht, gehängt an rauhe Klippen, wo kein Halm ergrünt.
Wir barsten in Kolonnen wiehernd schreckenvoll und türmten uns zu schauerlichem Babel der Vernunft.
Wir brachen ein in fahler Vorstadt sonndurchglüht und großer Zulauf zerrt an uns und Polizist.

O Mensch, in Schwere eingebettet, Schwankung zwischen Auf- und Niedergang,
Verwandlung, reinlich abgeteilt vom Grenzenlosen, angeufert an das Nichts,
in sich gesondert weh in Ja und Nein, Versagung pflanzend in das Herz der Welt,
o Mensch, abreiß ich alle Riegel, weh, was zerrst Du meinen wunden Leib.

Satanisch ist Dein Thule, abgeebbt von Gott!
Versargt in schiefgefügte Satzung taumelst Du durch Maskenwirrsal unverwandt,
indessen er, pfadlos und süß im Zittern unserer Weichen bebt,
parforcegehetzt von Dir, blutroter Reiter im Geheimnis Deiner Welt.

IV.

Auf den Boulevards Deiner Seele wirst Du, o Mensch, einstmals Dir selbst begegnen,

auf den Boulevards und den Brücken, vergeblich beschritten von viel unkundigen Füßen.

Dich wirst Du finden, den dunklen Sucher, von allen verlassen,

der seinen Schatten aufsammelt vom Boden, daß er niemand verletze.

Leise wird Dein Tritt sein von Haus zu Haus, alle Tore wirst Du versperren

und alle Schlüssel schleuderst Du hinter Dich, in die seufzende Schwärze des nächtlichen Flusses.

Du lässest die Straßen sich rollen wie hitziges Blech, Deine Hand zerdrückt die grünliche Frucht der Laternen,

sogar den Hunden und Fledermäusen wirst Du mit fahlem Messer und spitzem Steinwurf begegnen.

Deine Gefährten werden sein die Seellosen, die Bäume und die Gestirne,

alle Pfade wirst Du hinaustragen in die Wüste und sie im Winde zerstreuen,

zwischen Deinen Fingern werden die Dimensionen wie spröde Stäbe zerbrechen

und den Raum, darin Du verkapselt Dich mühtest, reißest Du auf nach allen Seiten hin, maßlos.

Wohl Dir, Du guter Wälzer der Augen, des Eis nicht zerschmilzt zu zeitlicher Träne,

den Gott nicht mehr einsam macht, nicht mehr das Weib mit sinnlos klaffendem Mantel umlauert.

Wohl Dir, Maskenzertrümmerer, Finder eigenen Unheils, Selbstverneiner:

Das schimmernde Sein hast Du zum Nichtsein gemacht und Dich gelöst zu düstergroßer Verklärung.

Endlos ist Dir das wehe Gelände des Schmerzes,

darinnen Du schreitest und schwarzes Brot der Versagung issest,

ewig ist Dir das phosphorfarbene Schlafwandlerlächeln,

das nicht zerschellt in den hohlen Grüften der Erde.

DER UNERLÖSTE SINGT ZUR NACHT

Ich kann meinen Worten nicht mehr entfliehn, o Gott,
sie kommen zu mir auf den Brücken, die Tag und Abend verbinden,
es können meine Lippen die kostbaren Worte nicht
mehr umklammern wie Schätze,
so daß nun jeder sie ergreift und hinhält
in den Bezirk seines zernagenden Lichtes. —
Alle Gebilde haben ihre Namen,
ein jegliches redet seine Sprache in allen Zungen der Erde,
selbst Du, o Gott, enträtst nicht Deines Wortes.
Ich aber will die nicht, so da lärmen und allen gemein sind.
Ich unterwinde mich aus ihren Umgitterungen
meine fastenden Hände emporzudrängen, daß Du mich lehrest
alle die Dinge, die wortlos und ungeboren
noch nicht in Zeit getaucht sind und schweben zwischen Dir und mir.
Und meine Stimme ertönt an den Toren des Abends:
Ist es das Rauschen Deines Mundes, oder die Schlankheit meiner Geliebten,
daß ich bin wie ein Gefäß und schamlos überfließe vor jedem?
Was ist es, das mich erfüllt wie ein Antlitz und ich vermag nicht
es zu erlösen mit meinen Gesang, daß es lebe und wandle?
Siehe, ich suche Dich, Gott, jenseits der menschlichen Wasser,
in den Gebärden der Dinge, daß Du mir Antwort sagest,
und ich entsetze mich, Du möchtest plötzlich
hinschütten auf meine Torheit den Lawinensturz Deines Lachens.
Denn ein Zecher bin ich an Deinen Bänken, o Gott,
und kann mich nicht lösen aus der Umarmung der Dinge,
die Du wie bunte Netze gestellt hast rings um mich her,
daß ich nimmer genese von der Unwissenheit Deines Anfangs.

Doch über das Nackte der Dinge streuest Du aus die Saat Deines Mundes,
und alle singen ihr einfältiges Ich und sind und kreisen
und Du schreitest unter ihnen wie ein Gärtner oder ein Hirte.
Mir aber täte not ein Zuchtmeister meiner Gedanken
und für meiner Brände Springflut ein Herd und sorgliche Wartung,
denn uferlos ist meine Rede unter den Menschen,
die einander heimsuchen und tausendfacher Gespräche pflegen.
Versage mir nicht, o Gott, Einkehr in Deine Gebilde!
Unbändig bin ich und bin außer mir und reiße mein Gewand ab.
Ich zerbreche Deine Satzung, wer da kann, begreife meine Nacktheit.
Meine entfalteten Hände umtasten seit je Dich, den Verwandten,
und streifen an alle die Dinge, die noch der Zeugung bedürftig
jenseits der Worte wohnen und jenseits ihrer Vernichtung.
Ich bin voll von ihnen, o Gott, und weiß nicht sie zu erfassen
und bin ein Tanzender ohne Bewußtsein, mitten in ihrem Geheimnis.
Es ertönt meine Stimme!
Es ragen empor meine Schläfen!
Ich strecke meine Hände nach Dir in die schwarzen Flüsse der Nacht.

DER STÄDTER

Was denn bin ich, daß meine Seele nicht mehr
wie ein Gebirge über die Wälder aufsteigt,
daß ich ausströme und mein Gefäß zersprengt ist
und aller Dinge Schmerz in mir erbraust?

Nicht mehr sind mir sanfte Geschlechter der Blumen,
aufgerafftes Lachen an bunten Pfaden,
kindliches Leid, überdacht von Muttertröstung,
ach, und verwaist ragt mir die entkränzte Stirne.

Nachtcafés begrenzen meine Tage,
Marmorblitz der Säle und Billardstoß,
münzenklangdurcheilte Kellnerhände,
schwarzbewegter Katarakt der Schöße.

Was denn bin ich, daß ich nicht durchbreche
Kampfesordnung feindlicher Geräte?
Weltall donnert hinter Spiegelscheiben.
Meine Seele reitet durch die Nacht.

DEM WAHNSINNIGEN

Da meines Atems falbe Säule Dich streifte,
legtest Du groß auf mich Deiner Augen Getöse.
Deine Gedanken: Verzacktes Getürm über krachenden Schläfen,
Deine Worte dem taumelnden Nachtschwalbenflug zu vergleichen.

O, zu sein wie Du, ein Seiltänzer über den Dingen,
verschmäht und verworfen von Leuten trüben Gebläses,
mit aufgeworfener Lippe einsam zu sein in den Scharnieren des Lebens,
zu sein wie Du und nicht zu verrücken des Grases holdselige Einfalt.

Wenig ist, guter Taten kundig zu sein,
nichts Weckerprasseln und kalte Güsse des Morgens!
O, zu sein wie Du, verschränkt in alle Geräte,
zerschwankt und zerborsten an allen Gebilden der Welt.

DEM ENTSCHWINDENDEN

Ich bin ein Sieb, durchschüttet von dem Korn der Welt,
darinnen alles Grobe sich verfängt
und bin angefüllt mit den Rauheiten der Menschen,
ihr flüchtiges Sein zu umklammern bleibt mir versagt.

Auch Du bist bald geglitten in die Tiefe,
immer weniger wirst Du auf meinem Boden,
meine Maschen sind zu weit für Dich,
Du liebes Korn, Du lieber Mensch.

Ich gebe Dir mit zartes Geräusch der Läuterung,
lese von Dir das Fremde, daß Du rein seist,
gebe Dir mit Sehnsucht, Dich zu behalten,
Du streifst mich ab, unbekümmert und weißt um nichts.

Wann kommt endlich Gebilde, daß ich es fasse,
daß meine Leere erfüllt sei, daß ich es trage,
Korn, tausendfältig erwachsen, seltsamen Duftes,
haftend, schwer und gesund, dem ich nicht mehr Sieb bin.

BESEELUNG

Wer im blitzenden Chorus werktätiger Sekunden
hinschreitet im Dreiklang des Raums, ein Zweikämpfer aller Gebilde,
wenig weiß der um den Dichter, der in den Schwärzen der Nacht
endlos sich auftut über allem, ein kosmischer Versöhner.
Denn, daß er Gott errufe, singt er „o Ding, o Fontaine, o rauhes Gestein der Straßen"
und treibt das Gewerbe des Müßiggangs, voll Beschwerde und Demut,
er nimmt alle Schwere auf sich und wirft die Dimensionen durcheinander
und läßt das Feindliche in chaotischer Umarmung erbrausen.
Wer ist da, daß er Erbarmen trage mit der Not aller Dinge und ihres Wieseins Schauder,
daß er ahne Beklommenheit vergossenen Weines,
und Tiefsinn großer Seen, die blank wie Münzen sich ründen?
Mich aber siehe weinen! Zur Pforte bin ich geworden.
Es raffen zum Leben sich tote Atome im Sturz meiner Tränen.
Meines Atems Golfstrom umklammert
die tanzende Heerschar der Nachtgestirne.

LIED DES UNSTETEN

Ich hatte den wahnsinnigen Jüngling verlassen und war durch Wälder
vorbeigezogen an krummen Flüssen und endlosem Hügelgelände,
durch viele Täler des Jammers, wo die Gewässer der Klage rauschen
und der Mensch hinsinkt im Diskussturze der Stunden.

Wer ist, der meinen Ruf hört, wer kränzt meine Spur mit liebenden Blüten,
Wirrsälig ist mein Gedanke, labyrinthisch die Rede, doch gut ist mein Wille.
O, nicht mehr bin ich wagrecht, überflüssig und voll Überhebung.
Recht tut, wer meinen Gesang schweigen heißt vor dem abendlichen
 Zirpen der Grillen.

Siehe, allen bin ich bereitet, ein Trank, eine Speise,
ich, allverwoben, allfahrend auf den Flößen der Erde,
ich, überall reglos sitzend in den Kathedralen der Nacht,
ich, windflüchtiger Falter, durchtanzend den Lotos eurer Träume.

DER AUSSICHTSTURM

Zwischen eisernem Gebälk, daran der Wind frohlockend sich klammert,
windet mein Tritt sich empor, spiralig zur gläsernen Plattform,
unter mir liegt Gedächer der Stadt, Krümme des Flusses, Gärten und Rebengelände,
unter mir die Eile der Menschen, Wagengerassel und die keuchende Heerschar der Schlote und Dampfmaschinen.

Hier ahne ich Dich, o Gott, sofern ich Dir näher bin um den Atemzug einer Henne,
(ich bin vor Dir so klein, wie der winzige Angler, der in der Tiefe stillen Gedanken nachhängt)
ich häufe Deine Sinnbilder im Dunkel meiner Gemächer,
zugemessen ward mir der Tag und das Nächtliche nach meinem Verdienste.

Dich erkenne ich, o Tod, Du Gleichnis alles Lebendigen,
Du in allem Leben enthaltener, tausendfach verzweigter,
brüderlich immer nahe im Speichenflug der rasenden Automobile,
verschlossen in der dunklen Selbstentäußerung des bräutlichen Beischlafs.

Dich auch vielfältige Zeit, Zweikampf des Todes mit Lebendigen:
Jetzt heben sich die Vorhänge der Theater und nackte Schultern neigen sich über die Brüstung,
jetzt lauert der Gymnasiast vor dem Tor der Geliebten, und der Beamte schließt gähnend das Hauptbuch,
jetzt brüllen die Kälber in den Ställen ein letztesmal, und das Rad der Lafette zerschneidet den Bauch des Gefallenen am Schlachtfeld.

Ich aber will lernen demütig zu sein,
denn wo der Verzückte nieder sich fallen läßt, wie der Erlöser von der Zinne des Tempels,
wo der Übermäßige auf unsichtbarer Spur weiterhin schreitet in das Geheimnis der Sphären,

da will ich, Sünder, an eisernem Gerüst abwärts mich tasten zur
gebrechlichen Erde,

denn vielleicht daß unten meiner jemand wartet. Ich will mich beeilen.

Wer ballt mich zur Kugel, auf daß ich rascher die Serpentine hinunter rolle?

Wer schmilzt mich zu glühendem Bächlein ins Herze zu fließen den
wartenden Freunden:

Zu sein einer im andern und die vermessenen Hände zu tauchen in Quelle
der Einfalt.

ERNEUERUNG

Nun haben meine Hände alle Not umschlungen,
auftanzet meiner Freude lichtumflatterter Delphin,
daß ich, emporgeschreckt aus diesen Niederungen,
wieder ein Mensch, hinjauchzendes Gott-Tier geworden bin.

Auftakt des Weltalls ist in meine Brust gestiegen,
die toten Träume, die in ausgeblaßter Nacht
am Horizont wie schwärzliche Gehölze liegen,
sind schweren Atems nun in meinen Tag erwacht.

Weintriefender Kentaur sind meine Sinnlichkeiten,
Gedanke ätherfarben faßt mich in Gestalt,
auch kann ich über Wasser ungefährdet schreiten,
Windstrahl sein und Gelächter, auf einem Mund geballt.

Von meiner Stirn umlaubt sitzt ihr, erstaunte Gäste,
und jegliches in mir wird tausendfach verwandt,
wenn ich mich, Baum, erlösend ob Erdenzwiespalt veräste,
Urtrost bin, nachbarlicher Bruderdruck der Hand.

UNRUHE IN TIEFER NACHT

Oh, wohl sehnt ich in meinem schwanken Tritt
aufbrausender Gestalten frohe Wiederkehr,
oder sag, gehst auch Du suchend durch die weite Stadt,
wenn Nacht ist?
Glaubst Du, ich ahnt es nicht, daß Du zuweilen
aufschrickst in Dunkelheiten vor bangem Ton,
um Deine Lippen die stumme Frage:
Warum quälst Du mich?
Aber ich weiß,
einmal noch wirst Du liebevoll
zärtlich noch einmal Deine Hand auf meinen bebenden Scheitel legen
oder mich suchen
hinter dem Zittern der Fliedersträuche.
Vielleicht, daß ich dann schon fortgezogen bin
tief hinein, wo tausend Welten rollen,
alles von mir werfend.
Aber sollt ich wie ehmals
unstet durch Gassen wandern und Dämmerungen,
Oh daß Du, Grenzenlose, dann in meine Einsamkeiten glittest
schwer und dunkel
und mich umschlössest, so wie damals,
da mir der Gott
glühenden Fittichs ins Antlitz stürzte.

GEBET BEI ANBRUCH DES MORGENS

Einst wohnt ich jenseits
der Dämmerungen,
weinte hinter Wassern
in den Schoßduft der Nacht
den Klagelaut des Fortgedrängten,
nun laß mich beten:
Oh, dir netzt den Fuß
opalfarbene Flut,
mit schlankem Finger der Wind
spielt in Deinem Haar.
Deines Busens Duftschleier hab ich gesucht den langen Tag,
bis draußen zwischen Geröll, zwischen Geklüft die Sonne starb.
Oh, warum bebt Dein Schoß vor mir zurück?
Lag meine Sehnsucht nicht wie ein Tiger Nacht um Nacht?
Siehe, den Zorn des Lebens streift ich wie einen Traum von mir,
bald gleiten, wehe, schon stürzen
in die zyanblauen Geschwader der Nacht
blutrote Sonnenkatarakte.
Dann ist dein Haar
bräutlich gekränzt,
dann ist alles für mich dahin,
fortgezogen die Freudenwelle
über das Meer.

DIE HÄSSLICHE

Aus den vier Ecken der Finsternis
aufwärts steigt die Schale meines Gesanges
voll jauchzender Trauer
herbrausend über die Inseln Deiner Sehnsucht.
Du auch liebst es, Dein rauhes Haar zu bekränzen,
Deiner zerklüfteten Lippen
stetes metallisches Lachen
bricht zwischen Lichtern
und weint vor häßlicher Schönheit.
Sieh, es hüllte der Gott in Gebärden Dich
gleich einem Mißton für die Verständnislosen,
oft auch senkst Du die Stirn in talentsprossene Dunkelheit
oder schminkst Deine Wangen
mit staunendem Kindergelächter.
Denn unmündig sind vor Dir
die einherschreiten auf lärmenden Völkerstraßen,
wer nicht einmal gebar das Unergründliche,
der begreift Dich nicht.
Ich aber bin Deinen Lippen gut,
den immer enttäuschten,
und will Deine Häßlichkeit hinjauchzen über die Firmamente
und singen ein Hundertopfer
Dir, Pilgerin unter den Menschen.

VISION

Du lastest gleich schwarzen Quadern
auf allen meinen Gedanken,
Deiner steilen Brauen
gekrümmte Zypressen
fassen wie Gürtel
die Wachsamkeit meiner Schläfen.

Ich will, Du sollst
zwischen Farbenrädern und bunten Halbmonden
in den Falten meiner Seide
nackte Menuette tanzen,
oder hin mit mir auf goldnen Füßen
über herbe Flachlandschollen rasen,
in den weitgestreckten
Flächen Deiner Hände
Lachen halten und das lockende Getön der Herden.

Nirgends auf den Kanten dieser Welt
ist mir Schlaf bereitet und Versterben,
siehe, ewig ward mir
Flügelschlag der Dämmerungen
Ahnung wilden Torenrufs der Gottheit.

DER KRANKEN FRAU

Wenn ich in der Nacht von Dir gehe,
duften Deine Augen herb wie Wacholder,
ich trage mit mir den leisen Druck Deiner Hände,
und Deiner Stimme Tonfall ist über allen Geräuschen.

Voll süßer Einfalt bin ich, wenn ich Dein gedenke,
voll zarter Traurigkeit und seltsamen Entzückens,
wenn ich fort muß von Dir, fiebert meine Seele,
wie warmem Kindlein vor kühlrauschender Badflut.

Siehe, ich drücke mein Haupt in die Kissen und träume Dich
und meine Lippen bilden dankbar Dein letztes Lächeln nach,
ich träume von der süßen Tulpe Deines Herzens
und daß eine Wärme ist von Dir zu mir.

DER SCHAUSPIELERIN

Wo bleibt Dir nun Opheliens irrer Kranz?
Zerflog tragische Flamme, dunkel auf Deine Brust geschminkt?
Sterntief und zaudernd ist Dein Blick, wer hat Dich denn
fernsüchtig Windspiel neben mich entrückt?

Logenbrüstung schnürte Dich ein, gewaltig tobt
Ausbruch der Hände in beklommenes Parkett.
Ein weißer Trost ist Deine Stirne mir, ein sanft-
bestrahltes Lämmlein im Gebirge meines Traums.

Ein Nachtgesicht ist meine Liebe. Enträtselt nun,
vor deinem Kuß aufjauchzt meine Lippe Vergöttlichung.
Häuserreihe leitet uns heim, zerstört auch ist
gesalbte Ordnung bronzefarbenen Haars.

TOTENKLAGE

Hohl bläst des Todes schwarzer Wind auf meinen Wegen.
Kristall der Stunde jählings springt ins Grenzenlose.
Verstürzen Augen dunkel in der Klage Wasser.
Marmornen Krampfes abseits Du in blauer Mansarde.

War sonst der Tritt nicht sicher und gut in erzenen Gärten?
Der Füße zwiefältiges Hasten und Ein und Aus Deines Atems?
Verzehrt ich nicht meine Speise mit Demut und voll des Dankes?
Abreißen will ich Gott von den Masten und Mälern der Ungerechten!

Starr stehe ich und grausam vor den erkalteten Herden.
Es sterben die Frauen im Licht eines lächelnden Todes,
gleich dem Duft geöffneter Früchte erglänzt ihre Seele.
Aber sie blühten so lieblich im silbernen Atem der Unschuld.

BEGEGNUNG

Das wiegende Schreiten des Mädchens auf der Brücke,
das schlicht erhabene, wovor das Herz mir beklommen still steht,
immer fällt es mir ein im Kommen und Gehen der tönenden Cafés,
oder wenn ich sonstwo einsam lehne und nachdenke.

Wer weiß, wo das Mädchen jetzt sein mag (ich habe ihr Gesicht und ihre Gestalt vergessen,
sicher würde ich sie nicht erkennen, säße sie im Theater neben mir),
aber die süße Demut ihres Dahinwandelns erfüllte mein Herz mit unsäglicher Trauer,
und mit Sehnsucht nach der törichten Einfalt ihrer gütigen Hände in meinen Haaren.

Denn ich weiß, daß die Zärtlichkeit ihres Blickes und ihre Stimme wie dunkles Cello, sanft und verzeihend,
mir entgelten würde den Unverstand der Welt und die Menschen bösen Willens,
und daß die siebenfache Umschnürung meiner Brust sich löste vor dem Frieden ihrer Tritte
(ob ich sie gleich nicht kenne und ein Tor bin, diese Worte zu schreiben).

Denn leicht ist der große Gedanke, die Gebärde oder das Wort,
das losem Pfennig vergleichbar unter dem Volk umherrollt,
doch schwer ist die Demut, und unkundig zu sein des Glücks
der ineinandergeflochtenen Hände.

ABGESANG

Verwurzelt bin ich in euere Nacht, ihr Frauen,
legendenentsprungen ich, Ritter Roland, ich, Haimonskind meiner Träume,
Glutbeere war euer Auge, austräufelnd dunkles Opiat der Wehmut,
süß besaitet war euere Stimme, wie leise Regung frühlinghafter Birken.

Ohne Schwere waret ihr, lächelnde Schreiterinnen über den Wohllaut der Fluren,
wohl lebtet ihr in erzenen Städten, in Hall und Schall, in wagenumrasselten Häusern,
ihr waret lichter Saum, grüßende Neigung des Hauptes, Spaziergang allabendlich durch farbige Ufergelände,
nicht dämpfte der Teppich des Wehs das saphirne Getön euerer Tritte.

Weh mir, wo ist nun, daß ich ihn fasse, akkordischer Sturz des Gewandes,
wo zärtliche Mulde geöffneten Schoßes, mein Haupt darin zu vergraben,
wo ist, mein Gott, Atem, der in den Kammern der Brust
sich staut und ausgießt dann über warmen Opal der Sinne?

Ich bin, o Herr, verworfen wie purpurne Flamme im Abgrund,
ich bin, o Herr, versunken wie reisiger Ritter im Strome,
zu nichtiger Asche bin ich zerfallen an der Weißglut Deiner Hände,
verschüttet ist meine Kraft und mein Rest verjährt in trübem Gefäß.

Aber wenn abends großen Getöses rollende Züge in fernen Provinzen verbrausen,
bau ich mich auf, ihr Frauen, und bin eine Gegend, darinnen ihr wandelt,
freundlich benachbart wie mündende Flüsse und sanft in den Buchten
ablegt alle Beschwer aus dunklen Häfen des Lebens.

UNTERWELTLICHER PSALM

Es müht sich der Reisende am Morgen in Vielfalt des Aufbruchs und
Hoffnung ferner Sonnen,

wer aber mitternächtig heimkehrt, schleppt hinter sich das doppelte
Bewußtsein seiner Armut.

Denn nur dem ruhig Sitzenden, dem Denker auf dem Steine ist die
Erkenntnis beschieden,

nicht als Tochter der Begebenheiten, sondern als Weh, urtief aufkeimend,
gegenstandslos und ohne Maß.

Ich sehe den klagenden Obolos zwischen verwesten Lippen wehmütig
schaukeln:

Oh, wie lächle ich über den Schmerz von außenher, den Schmerz der
Liebe, des Hasses und der Versagungen der Erde,

den unzulänglichen Schmerz der flehenden Hand und des dunkel
umfriedeten Auges,

nicht zu vergleichen der schwarzen Bitternis der königlichen Schwermut,
die ohne Leib geboren ist und tränenlos waltet.

Denn nur die Verdränger der Zeit aus ihrem Herzen, und die den
sausenden Raum in ihre Brust gespannt,

einwärts bogen den Tritt und das Schwarze des Auges hinwarfen in den
verlassenen Schacht ihrer Seele,

wissen ihr fernes Reich und die siebzehn Flüsse des Jammers, die es
umschlingen. Aber die Wandernden alle

schreiten lieber, die Palmenträger, durch Tore des Lichts und der Freude.

KREISENDE MASKE

Alles ward, nur ich bin übrig geblieben,
ich bin nicht und trage mich selbst durch die Nächte.
Allen gabst Du Verwandlung und Gang durch tönende Reigen,
gabst das umwerbende Wort und sandtest die lösende Träne.

Auf dem Gesimse der Stirn da nistet die Schwalbe des Wunsches,
in der geschlossenen Faust entwirkt sich die Blume der Tat,
gabst ihren Herzen Schwermut, den Lippen sanftes Getöse,
wenn der Geliebte des Nachts tälerwärts wälderwärts zieht.

Aber sie wandeln das Antlitz und tauschen Gestaltung der Hände,
aber sie wirren die Stimm' und wechseln das Mal der Geschlechter,
spannen sich ein in viel schimmernde Zeit,
spinnen der Räume umflatterndes Kleid,
schnappen der Worte beschatteten Bissen
einer dem andern vom Munde hinweg.

Ich aber bin in mir aufgetan
und Gott ist mein dunkles Gezelt,
die Stirne in Klarheit, die Füße im Wahn,
verstört in den Strom seines Atems gestellt.
Was trag ich Bewußtsein der andern und Tod im Gelände des Herzens?
Was ists, das in Falten des Hirnes
mir tosend ersteht und verfällt?

Mein Wort ist ein Auge
aufsaugend Gewässer der Nacht aus dem Raum.
Nichts kann ich mehr sagen,
kahl sproßt mir der Rede verbitterter Baum.
An Antlitzes Larve,

nachschleppender Rest, häng ich ewig mir an,
indessen die andern
in brausendem Wandern
Genüge getan.

KLAGELIED DURCH DIE SPHÄREN

Ihr Wissenden, Ihr Finder guter Jahrzeit, tiefe Schreiter der Seele,

seht, meine Hände sind einfach, ich breite sie her über die Weiße des Tisches!

Woher aber nahm ich die Zwietracht meines Hauptes und daß mein Tag sich ins Irre bog,

woher den ungewissen Opal meiner Gedanken und die Schwere in meinem flackernden Sinn?

Denn ihr habt die Brücken der Welt gebaut, entschlossene Brüder seid ihr und Gottes mächtig,

Euere Stunden sind wohlgefügt und die Stunden Euerer Brüder sind erfüllt wie gute Becher.

Ich aber bin die geheime Krankheit Gottes, die Lüge Gottes, das Hirnsieb aller Gestaltung,

meine Nächte sind mißlungen in Gedanken und die Liebe des Tages wucherte auf zu unreiner Anschauung.

Ich ströme nach allen Seiten auseinander und habe keinen Raum.

Fremd ist mir die Süße der Grenzen und das Gestade des Todes erreiche ich nicht.

Euch aber gab der Herr Gnade der Beschränkung und das Maß

setzte Feindschaft von Vorher und Nachher und gute Baumeister wurdet Ihr seinem Gesichte.

Woher, Ihr tiefen Wisser, rufe ich auf die weißen Wasser des Sanftmuts,

darin die Zeit sich erschließt und Liebe zur Tat wird, abgekehrten Gesichtes,

woher, woher denn Ihr vielen, kommt mir dereinst die finstere Windflut des Abschieds

und zu vergreisen nach Euerem Gesetz und die Heimfahrt des Herzens.

KLAGE DES ERDGERECHTEN

Ich entfuhr den Klüften zerborstener Träume,
beschwert mit dem Erbgut verworfner Gestaltung.
Ich wandle seither, ein weher Verkünder
der tödlichen Grenzen und der Gesetze.
Ich teilte mir Gott in Gewässer und Klippen
süß-bittere Landschaft ließ er sich nieder.
Ich trage den Meßstab erdachter Entscheidung
und spalte das Leben.

Doch sah ich den Pilger,
verschränkt in Geburten und Tode,
den Wanderer wahrhaft um Süße der Wanderschaft willen.
Leicht wiegt ihm das Leben, wie Atem der Schwalben im Sturme,
ist Strom oder Mantel von zehntausend Strömen des Herzens.
Allseitig sein Walten, der Einfalt des Lichtes vergleichbar,
doch selten erglühend, wie leidenschaftlicher Kaktus,
ihm tönen die Hände von Wohllaut und Glanz der Erkenntnis.
Das Antlitz des Weltalls durchschwebt Katakomben des Hauptes.

Es raffen die Sterne das Maß des stürzenden Lichtjahrs
und stocken den Lauf, wo rauschend sein Blick sich entfaltet.
Wir aber durchsausen in zischenden Liften den Abgrund
durch Wahnsinnsetagen und branden in dunkle Bedrängnis.
Und alle Gestirne, darein er kristallen verschmolzen,
der schmerzlose Segler im Windstrahl des Göttlichen, sind uns
längst toter Systeme kaum schwankende fahle Reflexe,
die magisch verbrüdert hintanzen durch Raumlosigkeiten.

MITTERNACHTSKANTATE AN ALLE VERLASSENEN

Ihr nächtlichen Kavaliere, stahläugig mit Blicken der einsamen
Steppenhyäne,

Ihr Demoiselles, vom Monde bläulich getüncht, in frevelhaftem Karmin
erstrahlend auf Lippen und Wange,

da Euer Atem schwer geht durch Finsternis und bittersüß duftet wie
traurige Nachtschattenblüte,

werf' ich Euch zu den schwarzen Ball meiner Rede, daß Ihr ihn fahet, Ihr
guten und willigen Fänger.

Oh, Ihr Kinder der Zahl, nur der Mächtige über die Zahl kann Euch
erlösen!

Aus dem Vielen stammt der Tod und die Heerschar der Grenzen ist schwer
zu überwinden.

Aber im täglichen Orgelgetöse der Städte seid Ihr Vielfältigmacher und
Hüteschwenker,

Tat schmiedet bleierne Ringe um Euere Augen und sitzt vermessen in
Euerem kecken Monokel.

Denkt an die Einfalt der Wimpel, die fremd auf Fregatten in mystischen
Ozeanen

unkundig sind des Steuermanns und der tönenden Häfen der Heimkehr!

Safrangelb strahlt ihnen fernher der ewige Leuchtturm aus dem Gefärb der
Nächte,

doch unerreichbar schwimmt er dahin und maßlose Meerfahrer sind sie im
Dunkel.

Denkt, hinter den schwarzen Vierecken der Fenster nisten noch viele
Schläfer in sorgloser Atemschwebe:

Ausgenommen sind die Schläfer von allem Gericht. Wer stände auf und
fügte dem Schlafenden ein Unrecht?

Die Wasser der Träume schlagen leise an ihren Strand und etwas lächelt
immer über ihr Antlitz

und viel Demut findet Ihr in ihrem Wagrechtliegen, denn alles Aufrechte
hat die Richtung zur Sünde.

Nächtlich gelehnt an bronzenen Kandelaber bin ich gepflanzt Euch allen
ein tröstlicher Versammler.

Denn auch der spitzbärtig schleichende Detektiv hat eine Seele
tiefbrausend in allen Registern.

Oh, Ihr alle, breitet Euere Taten auf das Pflaster und setzet Euch in einen
guten Kreis

und sehet aus grauen Streifen falben Gedächers den Morgen aufsteigen in
warmer und zärtlicher Röte.

VERKÜNDIGUNG AN DIE KÖNIGE DER TAT

Immer ist die Tat in einem Sinne ungerecht. Wer ist so kühn eine Tat zu tun?

Zu sickern antipodenwärts und nach Äonen in fernen Begebenheiten auf fremden Inseln zu schwingen?

Die Angst und die siebenfache Verfluchung, wie könnte der Tätige sie vermeiden?

Aber er löst sich grausig von seiner Tat und fällt ab wie dürre Kruste von übler Wucherung.

Verworfen sind die Dramendichter und Ingenieure, die da wissen, daß die Wahrheiten des Lebens nicht auf dieser Erde sind,

und die Häuserbauer und die Soldaten und die Verherrlicher der Zeit und des Breitegrades.

Soviel Raum als zwei Sohlen bedecken genügt um nachzudenken und zu erkennen:

Nur wer die Wahrheit der eigenen Erlösung erkannt hat, wird aller Wahrheiten König sein.

O ihr Menschen! Das Gehirn in Politik zu tauchen frommt nicht. Sehet, wie rein die Hände der Leidenden sind!

Sie sitzen in sich selbst wie in der Tiefe eines Tempels. Wer käme, um sie daraus zu vertreiben?

Sehet an die Stärke der Leidenden: Alle Taten von Aufgang bis Niedergang haben sie überwunden.

Euer Garten ist voll von Eisblumen des Todes, aber die Seele der Leidenden ist von ewig duftender Glut.

Nimm Du, o größter Meister der Tat, Deine kleinste Demut an Deine Brust und senke die Stirne.

Siehe, Dein vollkommenster Prophet sitzt mit zerbrochenen Gliedern auf einem Stein und fügt Dir ein Erbarmen.

Bald wird die Angst Deines Herzens in Wälder fliehen und sich hinter Felsblöcken ducken,

denn, siehe, Deine Taten sind uneins untereinander worden und stehen wider Dich auf!

TODESGESANG

Ich halte in meinen Händen die dunkle Frucht der Erkenntnis und benenne sie: Frucht des Todes.

Das Wort Tod hat drei Laute und leichthin fügt es die tanzende Lippe des Menschen.

Gelächterbewimpelt, ein Ozeandampfer, brauset das Leben vorüber.

Im Wellenpalmblatt seines Kielwassers schaukeln wir auf, beklommene brüchige Kähne.

Unkundig sind und schwer befallen, die da den Tod in der Ferne suchen.

Es trägt der Erkennende seinen Tod mit sich fort durch die Maskenwanderungen der Erde.

Er kennt weder Eile noch Vor- noch Rückwärts und schwebet in unermeßlichem Ausgleich.

Leben und Tod sind ineinander verschlossen, Sein und Nichtsein gebären sich auseinander.

Ich hege diesen meinen Tod wie ein köstliches Gewächs und nähre ihn mit meinem Leben.

Er verzweigt sich als Baum in alle Glieder meines Wesens und trägt lastende Früchte.

Die bunten Sommervögel des Lebens nisten in seinem Geäst und sein Laub schüttelt der Nachtwind,

Aber unter dem Zelt meiner Stirne breitet sich seine schwarze Krone, mich ganz zu erfüllen.

LIED DES ENTSPRUNGENEN
(Aus der symphonischen Dichtung „Die Straße“)

Ein Irrer, langhaarig, schiefen Mundes, eine Geige in der Hand

Will mich Hand des Wärters halten,
werd’ ich mich zusammenfalten
wie Papierchen, sanft umfassen,
durch die Gitter wehen lassen.
Wie das Kätzchen giebelschleichend,
auf den Mauersimsen streichend,
bin ich auf dem First geritten
an der Ulme abgeglitten.
Hab’ mir auf dem Fiedelbogen
weiße Zwirne aufgezogen.
Will mir keiner Saiten schenken,
muß ich mir die Saiten denken.

(Macht einige Striche durch die Luft)

Herrlich klingt auf meinem Cello
Arie von Paesiello.
Wärtershand ist hinterm Hügel,
faßt sie mich, so droht sie Prügel.
Ehmals war doch alles helle,
war nicht Riegel, war nicht Zelle,
nun ist alles mir zersplittert,
bin gefesselt, bin vergittert.
Leib ist dunkel eingewunden,
aufgeschwollen, unentbunden.

Bin ich nicht als Lamentoso,
Pizzikato, Furioso,

halb gespielt und halb gesungen
einer Partitur entsprungen?

Ehmals war ich ein Andante,
das auf einer Flöte brannte.
Herrgott sprach zu mir sein W e r d e
und ich ballte mich zur Erde.
Nun seit fünfzighundert Jahren muß ich um die Sonne fahren,
bis ich mich zu Nichts zertöne, irgendwo zu Ende stöhne.

(Schlägt sich ins Gebüsch.)